PROGRAMME

OU

TABLEAUX

DE

GRAMMAIRE FRANÇAISE,

PAR M. ALIX,

LICENCIÉ ÈS LETTRES, PROFESSEUR DE GRAMMAIRE A L'ÉCOLE DES ARTS ET MÉTIERS D'ANGERS.

ANGERS.

IMPRIMERIE DE COSNIER ET LACHÈSE,

RUE CHAUSSÉE SAINT-PIERRE, N° 15.

PREMIER TABLEAU.

CHAPITRE I.

NOTIONS PRÉLIMINAIRES. — SIX PARTIES.

1° Définition.	La Grammaire est une science qui enseigne à parler et à écrire correctement.
2° Sortes de lettres.	Voyelles et consonnes.
3° Propriétés de la consonne *H*.	Muette : *homme*, *humanité*, *histoire*, etc. Aspirée : *honte*, *hardi*, *harpe*, etc.
4° Syllabe, monosyll. polysyllabe.	*Jour*, *mou ton*, *a mé ni té*.
5° Parties du discours.	Variables : *nom*, *article*, *adjectif*, *pronom*, *verbe*, *participe*. Invariables : *adverbe*, *préposition*, *conjonction*, *interjection*.
6° Définition.	Nom. — *Le* livre, *la* table, *les* ténèbres, *un* pupitre, *une* classe. Article. — simple : *le*, *la*, *les*. composé : *du*, *des*, *au*, *aux*. Adjectif. — qualificatif : *Bon*, *grand*, *aimable*, etc. déterminatif : *Ce*, *mon*, *deux*, *tout*, etc. Pronom. — *L'enfant est sage*, *et je* LE *récompenserai.* Verbe. — Je *lis*, tu *lis*, il *lit*, nous *lisons*, vous *lisez*, ils *lisent*. Participe. — *Une lettre* PLIÉE, PERDUE. Adverbe. — *Il a dit cela* MÉCHAMMENT; *il est* TRÈS-*docile; il agit* FORT *mal.* Préposition. — *La bonté* DE *Dieu; écrire* A *son ami.* Conjonction. — *Mon père* ET *ma mère; il est riche*, MAIS *avare*. Interjection. — AH! *que vous me faites plaisir!* HÉLAS! *que deviendrons-nous!*

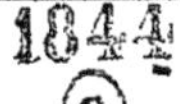

DEUXIÈME TABLEAU.

CHAPITRE I.

Suite des NOTIONS PRÉLIMINAIRES. — SIX PARTIES.

1° Signes orthograph.	Accents, apostrophe, tréma, cédille, trait d'union.		
2° Sortes d'e.	Muet : *je prie.* — Fermé : *effroi.* — Ouvert : *accès.*		
3° Accents.	aigu	*effréné.* — *Pied, piédestal.* — *La bonté, des bontés.*	1° *Avénement, événement*, etc. — *Séve, orfévre.* 2° *Collége, cortége, liége, manége*, etc. 3° *E* suivi d'un *y* : *je grasseye, je m'asseyerai.* 4° *Déshonneur*, etc. — *Degré, denier*, etc.
	grave	*je mène, (que je prenne).* — *Succès, procès, progrès.*	1° *Existence, excellent, circonflexe.* 2° *Il est allé* a *la campagne* dès *le point du jour.* 3° Ou *est-il? Allez-*la. 4° *Çà* (adv. et interj.), *déjà, deçà, delà*, etc. 5° *Anathème, blasphème, crème*, etc.
	circonflexe	*tête, âge, épître.*	1° *Mûr* (adj.), *sûr* (certain), *dû* et *crû.* 2° *Baptême, carême, chrême.* — *Blême, même, extrême, suprême.*
4° Apostrophe.	1° Monosyllabes. — *L'*ami, *l'*homme, *j'*arrive, il *m'*appartient, etc. 2° Si — *S'il* arrive, *s'ils* y vont. 3° Quoique, puisque, lorsque. { 1° *Quoiqu'il, puisqu'elle, lors qu'on*, etc. 2° *Quoique averti, puisque à votre âge.* } 4° Quelque. — *Quelqu'un, quelqu'une.* 5° Entre, presque. — { 1° *Entr'acte, s'entr'aider, presqu'île.* 2° *Entre eux, entre elles, entre autres.* } 6° Jusque. — *Jusqu'alors, jusqu'ici.* — *Jusques à quand.* 7° Contre. — *Contre-ordre, contre-amiral.* 8° Grand'. — *Grand'mère, grand'tante*, etc. — *Grand'chambre.*		
5° Tréma.	*Poëme, poëte, Saül.* — *Contiguë, exiguë, ambiguë*, etc.		
6° Cédille.	*Français, garçon, reçu.*		

TROISIÈME TABLEAU.

CHAPITRE I.

Suite des NOTIONS PRÉLIMINAIRES. — DEUX PARTIES.

1° Trait d'union.	Substantif.	1° *Bien-être, vert-pomme, passe-partout.*
		2° *Marc-Aurèle, Tite-Live, Charles-Quint.*
		3° *Maine-et-Loire, Châlons-sur-Marne.*
		4° *Nord-est, Sud-ouest.*
	Adjectif.	1° *Clair-semé, nouveau-né, tout-puissant. — Ivre mort.*
		2° *Dix-huit, quarante-trois, quatre-vingt-dix.*
		3° *Nu-tête, demi-heure.*
		4° *Moi-même, toi-même, soi-même*, etc.
	Pronom et Verbe.	1° *Irai-je? laissez-moi; dors-tu? dit-il.*
		2° *Écoutez-le, donnez-en, pensez-y.*
		3° *Rends-le-lui, accorde-la-leur.*
		4° *Va-t-il? Ira-t-elle? Parle-t-on. — Va-t'en.*
		5° *Est-ce lui? Sera-ce eux? — Quelques-uns, quelques-unes.*
	Adverbe.	1° *Peut-être, sur-le-champ, vis-à-vis*, etc.
		2° *Très-bon, très-bien.*
	Préposition.	*Contre-appel, contre-ordre, entre-bâiller*, etc.
	Particules *ci, là, ex.*	*Ci-gît, ci-dessus, cet homme-ci, celui-ci, là-dessus*, etc.
		— *Ex-député, ex-ministre*, etc. — Excepté : *ex abrupto, ex professo*
2° Majuscules. (7 cas.)		1° *L'Éternel, le Créateur, le Seigneur, le Tout-puissant*, etc.
		2° *Épicure, Pierre, l'Europe, la France, la Seine, l'Océan. — État.*
		3° *L'Européen, le Français, le Parisien*, etc. *Les Européens, les Français*, etc. — *Les nations* EUROPÉENNES, *l'armée* FRANÇAISE, etc.
		4° *Nord, Midi, Ouest, Orient*, etc. — Cet homme est du Nord. / Cet homme est du NORD de la France.
		5° *Noël, Pâques, la Pentecôte*, etc. — *L'église* SAINT-*Pierre*, *(l'apôtre* SAINT *Pierre); l'Église catholique (l'église Saint-Roch).*
		6° *La Fable, la Renommée, la Folie, l'Envie, la Justice*, etc.
		7° *La Rhétorique d'Aristote, le Dictionnaire de l'Académie, le Renard et le Corbeau*, etc. — *Je suis, M. le Comte*, etc.

QUATRIÈME TABLEAU.

CHAPITRE II.

DU SUBSTANTIF — NEUF PARTIES.

1° DÉFINITION.	Le *Nom*, autrement appelé *Substantif*, est le mot qui désigne et qui nomme les personnes et les choses.
2° DIVISION.	Commun : *Arbre*, *livre*, *enfant*, etc. — *Humanité*, *sagesse*, *orgueil*, etc. Propre : *France*, *Paris*, *Loire*, *Alexandre*.
3° GENRE.	1° Masculin : *Pierre*, *fils*, *lion*. — Le *livre*, le *vent*, le *travail* 2° Féminin : *Marie*, *fille*, *lionne*. — La *table*, la *maison*, la *prudence*.
4° GENRE DES NOMS D'ANIMAUX.	1° *Éléphant*, *mouton*, *léopard*. — *Brebis*, *hyène*, *autruche*, etc. 2° *Lion*, *tigre*, *chat*. — *Porc*, *sanglier*, *coq*, *cheval*, *cerf*, *singe*, etc.
5° FÉMININ DES SUBSTANTIFS EN *eur*.	1° En *euse* : Chasseur, *chasseuse*, etc. 2° En *ice* : Admirateur, *admiratrice*, etc. 3° En *esse* : Enchanteur, *enchanteresse*, etc.
6° FÉMININ DE CERTAINS SUBSTANTIFS.	Ambassadeur, *ambassadrice;* devin, *devineresse;* gouverneur, *gouvernante;* roi, *reine ;* serviteur, *servante*, etc.
7° SUBSTANTIFS APPLIQUÉS A DES FEMMES.	*Auteur*, *traducteur*, *professeur*, *littérateur*, *amateur*, etc. — *Artiste*.
8° GENRE DE CERTAINS SUBSTANTIFS.	Aigle. — Amour. — Automne. — Couple. — Délices. — Enfant. — Exemple. — Foudre. — Gens. — Hymne. — Orge. — Orgue. — Pâques. — Période. — Personne. — Quelque chose. — Autre chose. — Œuvre.
9° GENRE DES NOMS DE VILLES.	1° *Rome est* BATIE *près du Tibre; Paris est* SITUÉ *sur la Seine.* 2° Excepté : — *Jérusalem*, *Sion*, *Albion*, *Ilion*. 3° TOUT *Rome se souleva.* — TOUTE *la superbe Rome.*

CINQUIÈME TABLEAU.

CHAPITRE II.

Suite du SUBSTANTIF. — SEPT PARTIES.

1° NOMBRE.	1° Singulier. — L'*enfant* ou un *enfant*. — La *faim*, la *soif*, etc. 2° Pluriel. — Les *enfants* ou des *enfants*. — *Ténèbres*, *ancêtres*, etc.
2° FORMATION DU PLUR.	Livre — s. Clou — s. Excepté { 1° *Secours*, *croix*, *nez*. 2° *Bateau*, *aveu*. 3° *Genou*, *chou*, *bijou*, *caillou*, *pou*, *hibou*, *joujou*. 4° *Maréchal*. — *Bal*, *régal*, *chacal*, *carnaval*, *cal*. 5° *Bail*, *soupirail*, *corail*, *émail*, *vantail*, *travail*. — 6° *Ail*. — *Vitraux*, *bestiaux*. — *Ciel*, *œil*, *aïeul*. } Portail — s. Remarque. — *Enfant*, *serpent*, *tout*. — *Gent*.
3° PLURIEL DES NOMS PROPRES.	1° *On ne voit plus de* THÉSÉES, *encore moins d'*HERCULES, *etc.* 2° *Les* GUISES, *les* MONTMORENCIS, *les deux* NAVARRES. — *Les deux* ROUSSEAU. 3° *Je vais aux sermons des* MASCARON *et des* BOURDALOUE.
4° SUBSTANTIFS COMPOSÉS.	1° Sing. — Un *porte-clefs*, un *porte-mouchettes*, un *mille-pieds*. 2° Plur. — Des *serre-tête*, des *tête-à-tête*, des *perce-neige*. Remarque particulière. — { 1° Un *arc-en-ciel*. 2° Des *chats-huants*. }
6° SUBSTANTIFS EMPRUNTÉS DES LANGUES ÉTRANGÈRES.	1° Variables : *Algouazil*, *alto*, *biftek*, *bravo*, etc. 2° Invariables : *Accessit*, *allégro*, *alibi*, *alinéa*, etc.
6° MOTS INVARIABLES PRIS SUBSTANTIVEMENT.	*Les* QUAND, *les* QUI, *les* QUOI, *pleuvent de tous côtés.* Exception. — *Les* DEVANTS *d'un habit; les* DERRIÈRES *de l'armée.*
7° SUBSTANTIFS NON PRÉCÉDÉS DE L'ARTICLE.	DE. — Des démangeaisons de *langue*. A. — Les machines *à vapeur*. EN. — Il est arrivé d'*échelon* en *échelon* au grade de général. SUR. — Entasser *sou* sur *sou*. PAR. — Il fait deux lieues par *heure*. SANS. — Le chevalier sans *peur* et sans *reproche*. NI. — Il n'a ni *frère*, ni *sœur*. QUELQUE. — J'irai vous voir *quelque jour*. TOUT. — A *tout moment* et à tous moments. LEUR. — (Voyez l'adjectif possessif).

SIXIÈME TABLEAU.

CHAPITRE III.

DE L'ARTICLE — QUATRE PARTIES.

- **1° Définition.**
  - Simple. — Le *pêcher*, la *pêche*, les *pommiers*, les *pommes*.
  - Composé. —
    - *La longueur* du *bras; la hauteur* des *arbres.*
    - *Je vais* au *jardin; il songe* aux *fleurs.*
- **2° Contraction.**
  - Voyelle et h muette. — *Il pense* à *l'oiseau; la longueur* de l'*hiver.*
  - Avec un pluriel. — *Le chant* des *oiseaux; la longueur* des *hivers*
- **3° Le plus, le moins, le mieux.**
  - Avec comparaison.
    - *La Chine et l'Inde sont* les *plus peuplés de tous les empires. — De ces deux lettres, voilà* la *plus correctement écrite.*
    - Excepté : *C'est nous qui écrivons* le *mieux. — C'est cette page qui est écrite* le *plus correctement. — Ce sont eux qui se sont* le *plus distingués.*
    - Observ. — *Ce sont eux qui sont* les *plus en crédit.*
  - Sans comparaison.
    - *Paris est peut-être la ville du monde où les fortunes sont* le *plus inégales.*
- **4° Emploi de l'article** *du, des, de la.*
  - Sens indéterminé. — *Une statue* de *marbre; un habit* de *drap.*
  - Sens déterminé.
    - *Une statue* du *marbre le plus précieux; un habit* du *drap le plus fin.*
  - Sens négatif.
    - Avec *de*
      - *Il ne me reste pas* de *fruits.*
      - *Il parle sans faire* de *fautes.*
    - Avec l'*art.*
      - *Il ne me reste aucun* des *fruits que je vous ai montrés. — Ils jugeaient arbitrairement sans qu'il y eût* des *lois pour les diriger.*
  - Exception. — *Voilà* du *pain; voilà* de *bon pain.*
  - Remarque.
    - 1° Des *petits pois*, des *petits-maîtres*, des *Petites-Maisons*, etc.
    - 2° *Donnez-moi* du *bon pain; voilà* de la *vraie poésie.*

SEPTIÈME TABLEAU.

CHAPITRE IV.

DE L'ADJECTIF.

§. I. DE L'ADJECTIF QUALIFICATIF. — TROIS PARTIES.

1° DÉFINITION.

- 1° *Un enfant* SAGE, *une* GRANDE *modestie.*
- 2° *Un drap* ROUGE, *une table* RONDE, *un* GROS *arbre.*

2° ADJECTIFS pris SUBSTANTIVEMENT, et SUBSTANTIFS pris ADJECTIVEMENT.

- 1° L'*utile*, le *sage*, les *bons*, les *méchants*, *etc.*
- 2° *Henri IV fut* VAINQUEUR *et* ROI.
- 3° Apposition. — *Cicéron, l'*ORATEUR *romain; Attila, le* FLÉAU *de Dieu.*
- 4° Inversion de l'attribut. — *La première* VERTU *du chrétien est la charité.*

3° FORMATION DU FÉMININ.

Bleu — e. Ingrat — e. Volatil — e. Excepté

- 1° *Fidèle, tranquille, mercantile,* etc. — *Traître.*
- 2° *Nul, solennel, païen, sujet, bon.* Excepté : *Complet, concret, discret, inquiet, replet, secret*
- 3° *Heureux, peureux, ingénieux,* etc.
- 4° *Neuf, bref, naïf,* etc.
- 5° Eur.
  - 1° Euse. — *Boudeur, flatteur,* etc.
  - 2° Ice. — *Inspirateur, moteur,* etc.
  - 3° Érieure. — *Antérieur, extérieur,* etc. — *Majeur, mineur, meilleur.*
  - Remarque. — *Un Dieu* VENGEUR; *une femme* LITTÉRATEUR.
- 6° *Jumeau, beau, nouveau, fou, mou.* — *Bel, nouvel, fol, mol.*
- 7° *Vieux.* — *Faux, roux, doux, jaloux.* — *Long.* — *Bénin, malin.* — *Blanc, franc, sec, frais.* — *Public, caduc, turc, grec.* — *Coi, favori.* — *Châtain, dispos,* et *fat.*

HUITIÈME TABLEAU.

CHAPITRE IV.

Suite de L'ADJECTIF QUALIFICATIF. — SEPT PARTIES.

1° FORMATION DU PLUR.	Poli — s. Imprudent — s. Bleu — s. Excepté: 1° *Gris, peureux.* 2° *Nouveau.* 3° *Brutal, moral.* — *Fatal.* Observ. — *Amical, automnal, colossal, frugal, glacial, jovial, natal, naval.*
2° ACCORD DE L'ADJECTIF.	1° *Un homme* SAVANT, *une femme* SAVANTE. 2° *L'Espagne produit un lin d'une blancheur et d'une finesse* EXTRAORDINAIRES. 3° *L'autruche a la tête et le cou* GARNIS *de duvet.* 4° *Des boutons de métal* RONDS, — *de métal* JAUNE.
3° NU, DEMI, FEU.	1° NU-*tête; une* DEMI-*heure.* 2° *Tête* NUE; *six heures et* DEMIE. Remarque: 1° *Demi,* subst. masc. : *Quatre* DEMIS *valent deux unités.* 2° *Demie,* subst. fémin. : *Cette horloge sonne les* DEMIES. 3° FEU *ma sœur; la* FEUE *reine.*
4° ADJ. pris ADVERBIAL.t	*Souvent une plaisanterie coûte* CHER; *ils parlent* HAUT.
5° ADJ. employés pour désigner cert. couleurs.	1° *Rose tendre, châtain clair, bleu foncé, gris blanc.* 2° *Amarante, cramoisi, écarlate, garance, ponceau, rose.* Exception. — *Jonquille, paille, orange.*
6° ADJECTIFS COMPOSÉS.	1° *Clair-semé, nouveau-né, tout-puissant.* — *Mort-né.* 2° *Aveugle-né, premier-né, ivre mort.* — *Nouveau marié,* etc. 3° *Des femmes* TOUTES-PUISSANTES, *des oranges* AIGRES-DOUCES, etc.
7° PLACE DE CERT. ADJ.	*Un* HONNÊTE *homme.* — *Un homme* HONNÊTE. *Un* GRAND *homme.* — *Un homme* GRAND.

NEUVIÈME TABLEAU.

CHAPITRE IV.

§. II. DE L'ADJECTIF DÉTERMINATIF.

DÉFINITION ET DIVISION DES ADJECTIFS DÉTERMIN.	Numéral, démonstratif, possessif, indéfini.

ADJECTIF NUMÉRAL. — CINQ PARTIES.

1° DÉFINITION DE L'ADJECTIF NUMÉRAL.	Cardinal. — *J'ai vu défiler* DEUX CENTS *cavaliers.*	
	Ordinal. — *Le* DIXIÈME *et le* VINGTIÈME *sonnaient de la trompette.*	
2° VINGT et CENT.	Variables.	1° *Quatre-*VINGTS *chevaux; deux* CENTS *hommes.*
		2° *Combien êtes-vous dans cette division? quatre-*VINGTS.
		3° *Combien êtes-vous dans l'École? trois* CENTS.
	Invariables.	1° *Quatre-*VINGT*-dix chevaux; trois* CENT *cinquante hommes.*
		2° *Numéro quatre-*VINGT. — *Page deux* CENT.
3° MIL, MILLE, MILLES.	1° *L'imprimerie a été découverte en l'an* MIL *quatre cent trente-six.*	
	2° *L'an du monde deux* MILLE. — *Cent* MILLE *francs.*	
	3° *Les* MILLES *de Suède sont plus longs que les* MILLES *d'Angleterre.*	
4° ADJECTIFS NUMÉRAUX EMPLOYÉS SUBSTANTIVEMENT.	Ordinaux — *Les deux* CINQUIÈMES, *les neuf* DOUZIÈMES.	
	Cardinaux — *Trois* CENTS *de fagots.* — *Les* QUARANTE *de l'Académie.*	
5° TRAIT D'UNION DANS LES LOCUTIONS NUMÉRALES.	*Dix-huit, quarante-deux, quatre-vingt-dix-neuf.*	
	Observ. —	1° *L'an mil sept cent.*
		2° *Vingt et un, trente et un, quarante et un,* etc.

ADJECTIF DÉMONSTRATIF.

DÉFINITION.	CE *livre,* CETTE *plume,* CES *livres,* CES *plumes.*
	Rem. — CET *orgue,* CET *habile écrivain.* — CE *hautbois,* CE *honteux prétexte.*

DIXIÈME TABLEAU.

CHAPITRE IV.

Suite de L'ADJECTIF DÉTERMINATIF.

ADJECTIF POSSESSIF. — QUATRE PARTIES.

1° DÉFINITION.	*Mon, ton, son, notre, votre, leur,* etc.	
	Remarque. —	MON *épée,* TON *humeur,* SON *aimable mère.* MA *hache,* TA *harpe,* SA *honteuse conduite.*
2° EMPLOI DE L'ADJECTIF POSSESSIF.	1° *J'ai mal à* MA *tête; il s'est cassé* SON *pied.* (Phr. vic.) 2° *Baissez* VOS *yeux, chétifs vers que vous êtes,* etc. 3° *Elle a encore* SA *migraine, elle a encore* LA *migraine.*	
3° ADJECTIF POSSESSIF REMPLACÉ PAR *En.*	1° *Si la religion était l'ouvrage de l'homme, elle* EN *serait le chef-d'œuvre.* 2° *La patience est amère, mais* SON *fruit est doux.*	
4° SUBSTANTIFS PRÉCÉDÉS DES ADJ. POSSESSIFS.	Plur. — *Mes sœurs ont pris* LEURS CHALES, etc.; *prenez* VOS PLUMES, etc. Sing. — LEUR FUREUR *était au comble; messieurs, on a bu à* VOTRE SANTÉ.	
	Observation.	*Il y a des oiseaux qui font* LEUR NID *sur terre.* (Acad.). *Les champions brisèrent* LEURS LANCES. (Id.).

RÉPÉTITION, OMISSION DE L'ARTICLE ET DE L'ADJECTIF DÉTERMINATIF. DEUX PARTIES.

1° DOIT-ON RÉPÉTER L'ARTICLE ET L'ADJECTIF DÉTERMINATIF?	MON *père et* MA *mère.* — LES *arts et métiers;* LES *eaux et forêts;* etc. 1re Exception. — LES *Péruviens ou habitants du Pérou.* — LE *Décalogue ou* LES *dix Commandements.* 2e Exception. — *La fable* DU *Chêne et le Roseau.* — *Le roman* DE *Paul et Virginie.*	
2° DÉTERMINATIF AVEC DEUX ADJECTIFS unis par *et.*	1° LE *simple et naïf Lafontaine.* — LE *premier et* LE *second étage.* 2° LES *philosophes anciens et modernes;* L'*histoire sainte et profane.*	
	Observation.	LES HISTOIRES *ancienne et moderne.* — *Le* XVe *et* XVIe SIÈCLES; *l'une et l'autre* SAISONS. (Phr. vic.). *La couronne civique donnait plus de priviléges que les* COURONNES *murale, obsidionale, et navale.*

ONZIÈME TABLEAU.

CHAPITRE IV.

Suite de L'ADJECTIF DÉTERMINATIF.

ADJECTIF INDÉFINI.

DÉFINITION.	*Aucun, autre, certain, chaque, même, plusieurs, quel*, etc. Observ. — *Ecoutez* UN *bon mot; ils ont* DE *l'esprit, il vend* DU *drap*, etc.

TOUT. — SIX PARTIES.

1° TOUT modifiant un *adjectif*.	*Cette demoiselle est* TOUTE *spirituelle* — TOUT *aimable*. TOUTE *hardie qu'est cette femme*. — *Cette action* TOUT *héroïque qu'elle est*.
2° — exprim. la *totalité*	*Ces enfans sont* TOUT *spirituels*, — TOUS *spirituels*.
3° — avant l'adj. *entier*	*La maison* TOUT *entière; une heure* TOUT *entière*.
4° — modif. un *adv*.	*Cette affaire est* TOUT *autrement importante*.
5° — se rapportant à un *subst*. ou à un *pronom*.	TOUS *les hommes*, TOUTES *les femmes; ils sont* TOUS *ici, elles sont* TOUTES *ici*. Except. — *Le chien est* TOUT *ardeur*, TOUT *obéissance*.
6° TOUT avant l'adjectif *autre*.	*Cléopâtre aima mieux mourir avec le titre de reine que de vivre dans* TOUTE *autre dignité*. — *Il aurait désiré une* TOUT *autre place*.

QUELQUE. — CINQ PARTIES.

1° QUELQUE avant un *verbe*.	QUEL *que soit cet homme*; QUELS *que soient ces hommes*, etc.
2° *Idem*. se rapport. à un *subst*.	QUELQUES *superbes distinctions qu'obtiennent les hommes*, etc.
3° *Idem*. se rapport. à un *adjectif*.	QUELQUE *bons politiques que fussent Burrhus et Senèque*, etc.
4° *Idem*. avant un *nombre*.	1° *Esope naquit* QUELQUE *deux cents ans après la fondation de Rome*. 2° *Les* QUELQUES *cents francs que j'ai perdus*.
5° *Idem*. joint à un *adverbe*.	QUELQUE *adroitement qu'ils s'y prennent*.

MÊME. — QUATRE PARTIES.

1° Place de l'adj. *même*.	*Les* MÊMES *hommes, les hommes* MÊMES.
2° MÊME (adjectif).	*Les Romains ne vainquirent les Grecs que par les Grecs* MÊMES.
3° *Id*. (adverbe).	*Les plantes* MÊME *étaient au nombre des divinités égyptiennes*.
4° *Id*. après *ceux, celles*.	1° Adj. — *Le sénat se trouva composé de ceux* MÊMES *qui*.... etc. 2° Adv. — *Respectons cette autorité dangereuse à ceux* MÊME *qui l'exercent*.

NUL et AUCUN.

NUL et AUCUN.	1° AUCUN *chemin de fleurs ne conduit à la gloire*. 2° *La terre ne produisait* NULS *bons fruits*; etc. — *On ne lui a épargné* AUCUNS SOINS *dans cette maison*. — *Il ne prend* AUCUN SOIN *de sa santé*.

CHAQUE et CHACUN.

CHAQUE et CHACUN.	CHAQUE *personne*, CHAQUE *chose*. — *Ces livres coûtent cinq francs* CHAQUE. (Phr. vic.)

DOUZIÈME TABLEAU.

CHAPITRE V.

DU PRONOM.

Définition et division.	Personnel, démonstratif, possessif, relatif, indéfini.

EMPLOI DES PRONOMS EN GÉNÉRAL. — DEUX PARTIES.

1° Pronom en rapport avec un substantif indéterminé.	1° *Il nous a fait* RÉPONSE QUI *nous a satisfaits* (Phr. vic.). 2° *On leur donna passage en quelques endroits; ils se* LE *firent en d'autres.*
2° Équivoque à éviter.	1° ON *croit n'être pas trompé, et* L'ON *vous trompe à tout moment.* 2° *Molière a surpassé Plaute dans ce qu'*IL *a fait de meilleur.*

PRONOM PERSONNEL. — TROIS PARTIES.

1° Définition.	JE *lis*, NOUS *marchons;* TU *ris*, VOUS *chantez;* IL *court*, ILS *sautent.*
2° Pronoms personnels.	1re pers. : *Je, me, moi, nous.* 2e pers. : *Tu, te, toi, vous.* 3e pers. : *Il, ils; elle, elles; lui, eux; leur, se, soi.* — { *Lui, leur,* pour *le, la, les.*
3° Lui, leur, pour le, la, les. — Différence	1° *Voici ce que je* LEUR *ai vu faire; voici ce que je* LUI *ai entendu dire.* 2° *Au bruit du tonnerre on* LEUR *voit lever les mains vers le ciel.* 3° *Je* LEUR *ai fait écrire une lettre.* — *Je* LEUR *ai fait écrire.* 4° *Les présents que je* L'*ai vu faire,* — *que je* LUI *ai vu faire.* Remarque. — *Je* LUI *ai fait apprendre sa leçon; je* L'*ai faire lire.*

PRONOM *SOI.* — TROIS PARTIES.

1° Soi en rapport avec des choses.	*Le vice porte en* SOI *quelque chose de honteux*, etc.
2° Soi en rapport avec des personnes.	1° Sens général. — *Celui qui aime le travail a assez de* SOI-*même.* 2° Retour sur soi-même. — *Le chat ne paraît sentir que pour* SOI. 3° Equivoque. — *Dieu était dans J.-C. réconciliant le monde avec* SOI, etc.
3° Soi en rapport avec un pluriel.	*Toutes ces beautés réunies ont en* SOI *quelque chose de si moral*, etc.

TREIZIÈME TABLEAU.

CHAPITRE V.

Suite du PRONOM.

PRONOM DÉMONSTRATIF. — HUIT PARTIES.

1° DÉFINITION.	Ce — celui, ceux — celle, celles — celui-ci, ceux-ci, etc.
2° DIFFÉRENCE entre l'adjectif CE et le pronom démonstratif CE.	Adjectif. CE *hamac*, CE *beau papier.* Pronom. CE *qui me flatte*, CE *que vous dites*, CE *sont nos amis.* CE *semble*, CE *doit être*, CE *peut être*, C'*en est fait.*
3° EMPLOI du pronom CE.	1° *Le plaisir des bons cœurs*, *c'est la reconnaissance.* 2° *Après les bonnes leçons*, CE *qu'il y a de plus instructif* SONT *les ridicules.* 3° CE *qu'il y a de certain dans la mort* EST *un peu adouci*, etc.
4° CE avant le verbe ÊTRE.	Plur. *Ce* SONT *eux; ce* SONT *nos amis.* Sing. *Ce n'*EST *pas seulement les Hébreux qui*, etc. Est-*ce eux que vous avez vus?* SERA-*ce vos parents qui*, etc. *C'*EST *des difficultés que naissent les miracles.* Observ. *C'*EST *de bons discours, et non de longs discours, qu'il faudrait faire.* *Ce* SONT *de longs discours qui n'en finissent point.* Énumération. — *Les juges se placèrent :* *C'*ÉTAIENT *le linot, le serin,* *Le rouge-gorge, et le tarin.* Avant deux sing. *Le saint cénacle est une mosquée et un hôpital turcs ;* *c'*ÉTAIENT *autrefois une église et un monastère*, etc.
5° CELUI, CEUX, CELLE, suivis d'un ADJECTIF.	1° *C'était en vain qu'on rappelait les victoires des généraux de Louis XIV*, *et* CELLES PLUS RÉCENTES *du maréchal de Saxe.* 2° *Les nombres ordinaux se forment des cardinaux*, *dans* CEUX TERMINÉS *en f on change* f *en* vième.
6° CELUI-CI, CELUI-LA.	*Tel est l'avantage ordinaire* *Qu'ont sur la beauté les talents :* CEUX-CI *plaisent dans tous les temps*, CELLE-LA *n'a qu'un temps pour plaire.*
7° CELUI-LA en rapport avec QUI.	CELUI-LA *est heureux* QUI *ne désire rien.*
8° CECI, CELA.	*Je n'aime pas* CELA, *donnez-moi* CECI.

QUATORZIÈME TABLEAU.

CHAPITRE V.

Suite du PRONOM.

PRONOM POSSESSIF. — TROIS PARTIES.

1° DÉFINITION.	Le mien, le tien, le sien, le nôtre, le vôtre, le leur, etc.
2° EMPLOI de LEUR.	Adj. poss. — LEUR *argent*, LEURS *amis*. Pron. poss. — *Voilà votre chambre, voici* LA LEUR, *voici* LES LEURS. Pron. pers. — *Vous* LEUR *parlerez, je* LEUR *ai parlé*.
3° PRONOM POSSESSIF employé adjectivement.	*Un* MIEN *parent*, *un* SIEN *ami*, *ces effets sont* NÔTRES.

PRONOM RELATIF. — HUIT PARTIES.

1° DÉFINITION.	Qui, lequel, que, quoi, dont, le, la, les, en, y. — OBSERV. — *Lequel.*
2° ANTÉCÉDENT du PRONOM RELATIF.	*Les Lapons ont un gros chat noir* AUQUEL *ils confient tous leurs secrets.*
3° PRONOM RELATIF sans ANTÉCÉDENT.	1° Interrog. — QUI *est là?* QUI *va là?* QUE *faites-vous?* 2° Exclam. — *Eh!* QUI *n'a pas pleuré quelque perte cruelle!* 3° Absolu. — *Jouera* QUI *voudra; recevez* QUI *vous voudrez.*
4° PRONOM RELATIF (sujet)	*C'est* MOI QUI *l'*AI *dit; c'est* TOI QUI *l'*AS *dit; c'est* LUI QUI *l'*A *dit*, etc.
5° ACCORD SYLLEPTIQUE.	*O Richard!* etc... *Il n'est donc que* MOI QUI S'INTÉRESSE *à ta personne.* JE *suis, dit-on, un orphelin*, etc, QUI *de* MES *parents n'*EUS *jamais connaissance.* *Vous êtes un Protée* QUI PRENEZ *les formes les plus contraires*, etc. — *Je suis Diomède* QUI BLESSAI *Vénus au siége de Troie.* Observ. — *C'est moi* QUI SE NOMME *Sganarelle.* (Phr. vic.)
6° ELLIPSE DE L'ANTÉCÉDENT.	*Nous étions deux* QUI ÉTIONS *ou* QUI ÉTAIENT *du même avis.* *J'étais le seul* QUI PARLAT *et* SE COMPORTAT *décemment.*
7° ANTÉCÉDENT pris en APOSTROPHE.	*Jérusalem, Jérusalem* QUI TUES *les prophètes*, *et* QUI LAPIDES *ceux*, etc.
8° PRONOM RELATIF (complément indirect) ne s'applique qu'aux personnes ou aux choses personnifiées.	*La personne* A QUI *ou* A LAQUELLE *je me suis adressé; les hommes* DE QUI *ou* DONT *vous parlez.* Excepté. — *Le lièvre* A QUI *nous avons fait si grand'peur; les chevaux* DE QUI *il a été question.* (Le lièvre *auquel*, etc.; les chevaux *dont*, etc.) Objet personnifié. — *Cette mer* A QUI *le Seigneur donna des barrières*, etc.

QUINZIÈME TABLEAU.

CHAPITRE V.

Suite du PRONOM RELATIF. — CINQ PARTIES.

Ou mis pour un pronom relatif.

1° Ou mis pour *dans lequel, dans lesquels.*
- 1° *Le péril* OU *nous nous sommes trouvés* (c'est-à-dire *dans lequel.*)
- 2° *Le péril* OU *nous avons été exposés.* (Phr. vic.).

Différence entre *dont* et *d'où*.

2° DONT exprime le rapport, D'OU une idée de lieu.
- 1° *La liberté de l'homme* DONT *je ne puis douter montre sa perfection; sa dépendance montre le néant* DONT *il est sorti.* (Le second est incorrect).
- 2° *Ce torrent se nomme Panthalama, du nom de la fontaine des nymphes* DONT *il est sorti.* (Phr. vic.)
- 3° *Le danger même* DONT *tu sors n'est-il pas une preuve de ta vertu?*
- 4° *La maison* DONT *il sort* et *la maison d'*OU *il sort.*

Remarque particulière.

3° PRONOM RELATIF se rapportant au même ANTÉCÉDENT.
- *Pierre tira des instructions du Danemark, de la Suède, de la France, etc., et prit de ces différentes nations ce* QU'*il crut* QUI *convenait à la sienne.*

Le, la, les. — Pronom *le*.

4° LE, LA, LES.
- Pronom. — *Je* LE *connais, je* LA *respecte, je* LES *aime.*
- Article. — LE *livre,* LA *table,* LES *roses.*

5° PRONOM *le*
- Var.
  Miracle! criait-on, venez voir dans les nues
  Passer la reine des tortues.
  La reine! vraiment oui, je LA *suis en effet.*
- Invar.
  1° *Voyez Aigues-Mortes, Fréjus, Ravenne, qui ont été des ports de mer, et qui ne* LE *sont plus.*
  2° *Nous sommes les sœurs de cet enfant, et fières de* L'*être.*
- Observ. — *Louis XIV paraissait un prince destiné à réformer l'Europe, si elle avait pu* L'*être.*

SEIZIÈME TABLEAU.

CHAPITRE V.

Suite du PRONOM RELATIF.

Emploi de *EN* et de *Y*.

EN et Y à la place des pronoms personnels *lui*, *leur*, *eux*, *elle*, *elles*.	1° *La chair des flamants est un mets recherché; les anciens* EN *ont parlé comme d'un mets exquis.* 2° *Plus on approfondit l'homme, plus on* Y *démêle de faiblesse et de grandeur.* 3° *Je m'occuperai d'*ELLE (d'une affaire); *je* LUI *ferai mettre une lame* (à un couteau). (Phr. vic.) Observ. 1° *Le vent nous apporta un oiseau assez semblable à une chouette. On* LUI *donna l'hospitalité.* 2° *Approchez*-EN (d'un animal), *mais ne* LUI *faites pas de mal.* 3° EN *avez-vous bien soin?* LEUR *donnez-vous l'eau qui* LEUR *est nécessaire* (en parlant de fleurs)?

PRONOM INDÉFINI.

DÉFINITION.	On, l'on, quiconque, quelqu'un, chacun, autrui, l'un l'autre, personne.

On, L'ON. — Deux règles.

1° GENRE et NOMBRE des adjectifs en rapport avec *on*, *l'on*.	1° Féminin. — ON *n'est pas toujours jeune et* BELLE. 2° Pluriel. — ON *n'est heureux en ménage que quand* ON *est bien* UNIS. 3° Avec *des* et un nom. — ON *n'est pas* DES ESCLAVES *pour*, etc.
2° DIFFÉRENCE entre *on* et *l'on*.	SI ON *interroge le médisant, et que* L'ON LUI *demande*, etc.

L'UN L'AUTRE; LES UNS LES AUTRES. — Deux règles.

1° L'UN L'AUTRE, L'UN et L'AUTRE.	*Ils se flattent* L'UN L'AUTRE — *Ils se flattent* L'UN ET L'AUTRE. *Ne nous sommes-nous pas aimés* L'UN ET L'AUTRE? (Phr. vic.)
2° LES UNS LES AUTRES	Observ. 1° *Ils se tuèrent* LES UNS LES AUTRES. 2° *Ils se passaient les seaux de* L'UN A L'AUTRE.

CHACUN.

CHACUN suivi de *son*, *sa*, *ses*, ou de *leur*, *leurs*.	1° *Ils ont donné*, CHACUN, LEUR *avis; ils s'en allèrent*, CHACUN, *de* LEUR *côté.* 2° *Les alliés se débandèrent et rentrèrent* CHACUN *dans* SON *pays* (Phr. vic.). 3° *Linnéus et Buffon semblent avoir possédé*, CHACUN *dans* SON *genre, des qualités telles qu'il était impossible que le même homme les réunît.*

DIX-SEPTIÈME TABLEAU.

CHAPITRE VI.

DU VERBE.

DOUZE PARTIES.

1° DÉFINITION.	*Les hommes* SONT *mortels.* *Les méchants même* RESPECTENT *la vertu.*
2° VERBES ATTRIBUTIFS.	*Les hommes* RESPECTENT *la vertu.* — Excepté : *Les hommes* SONT *mortels.*
3° MODIFICATIONS DU V.	Le nombre, la personne, le mode, et le temps.
4° MODES et TEMPS.	Modes personnels : l'*Indicatif* (8 temps), le *Conditionnel* (2 temps), l'*Impératif* (2 temps), le *Subjonctif* (4 temps). Mode impersonnel : l'*Infinitif* (4 temps).
5° SUJET DU VERBE.	*L'*AMOUR *filial est la base des vertus.*
6° COMPLÉMENT.	Direct. — *L'homme juste honore* DIEU, *et pratique la* VERTU. Indirect. — *Il s'occupe du* PRÉSENT *sans songer à l'*AVENIR.
7° CINQ SORTES DE VERBES.	Actif. — *Ma sœur* APPREND *la musique.* Neutre. — *Vous* MARCHEZ ; *ils* VIENNENT. Passif. — *Les ennemis* ONT ÉTÉ VAINCUS *par nos troupes.* — Obs. — *Je suis obéi.* Pronominal. — *Nous nous* FLATTONS ; *il se* NUIT. Unipersonnel. — IL TOMBE *de la pluie*; IL FAUT *du courage.*
8° QUATRE CONJUGAISONS.	*Plier*, *choisir*, *pourvoir*, *perdre.*
9° DEUX AUXILIAIRES.	*Avoir* et *être.*
10° DEUX SORTES DE TEMPS.	Temps simples, temps composés.
11° RADICAL et TERMINAISON.	*Chant er*, *pun ir*, *pourv oir*, *fend re.*
12° TEMPS PRIMITIFS et TEMPS DÉRIVÉS.	1° Infinitif présent. — PLIER : *je plierai*, *je plierais.* 2° Participe présent. — CHOISISSANT : nous *choisissons*, je *choisissais*, que je *choisisse.* 3° Présent indicatif. — Je PLIE : *plie.* 4° Passé défini. — Je CHANTAI : que je *chantasse.* — Je RIS : que je *risse.* 5° Participe passé. — COURU, ALLÉ : J'*ai couru*, je *suis allé*, etc.

DIX-HUITIÈME TABLEAU.

CHAPITRE VI.

Suite du VERBE.

Formation des temps. — Cinq temps primitifs.

Observation.—Dans les quatre verbes conjugués comme modèles dans notre grammaire nous n'avons mis qu'*un radical*, afin de ne pas embarrasser les commençants ; mais ceci ne peut convenir qu'aux verbes parfaitement réguliers. Quand les élèves sont suffisamment exercés, il est mieux de faire dépendre le radical du temps primitif, ce qui offre l'avantage de donner aux verbes des *terminaisons communes* et de diminuer le nombre des verbes irréguliers.

Conjugaison des verbes *plier*, *choisir*, *pourvoir*, *écrire*.

Temps primit.	Temps dérivés.	*Rad.*	*Term.*	*Rad.*	*Term.*
1° Infinitif prés.	1° Futur simple. — *r*, *re* en *rai*,	Plie	— *r*,	je plie	— *rai.*
		Choisi	— *r*,	je choisi	— *rai.*
		Pourvoi	— *r*,	je pourvoi	— *rai.*
		Écri	— *re*,	j'écri	— *rai.*
	2° Conditionnel présent. — *r*, *re* en *rais*.	Plie	— *r*,	je plie	— *rais.*
		Choisi	— *r*,	je choisi	— *rais.*
		Pourvoi	— *r*,	je pourvoi	— *rais.*
		Écri	— *re*,	j'écri	— *rais.*
2° Part. présent.	1° Trois personn. plur. du prés. de l'indic. — *ant* en *ons-ez-ent.*	Pli	— *ant*,	nous pli	— *ons-ez-ent.*
		Choisiss	— *ant*,	nous choisiss	— *ons-ez-ent.*
		Pourvoy	— *ant*,	nous pourvoy	— *ons-ez-ent.*
		Écriv	— *ant*,	nous écriv	— *ons-ez-ent.*
	2° Imparfait de l'indicatif. — *ant* en *ais*.	Pli	— *ant*,	je pli	— *ais.*
		Choisiss	— *ant*,	je choisiss	— *ais.*
		Pourvoy	— *ant*,	je pourvoy	— *ais.*
		Écriv	— *ant*,	j'écriv	— *ais.*
	3° Présent du subjonctif. — *ant* en *e*.	Pli	— *ant*,	que je pli	— *e.*
		Choisiss	— *ant*,	que je choisiss	— *e.*
		Pourvoy	— *ant*,	que je pourvoi	— *e.*
		Écriv	— *ant*,	que j'écriv	— *e.*
3° Présent de l'indicatif.	Impératif.	Je plie,	*impératif*,	plie.	
		Je choisis,	—	choisis.	
		Je pourvois,	—	pourvois.	
		J'écris,	—	écris.	
4° Passé défini.	Imparfait du subjonctif. — *ai* en *asse* (1re conjugaison.) et en ajoutant *se* pour les trois autres.	Je pli	— *ai*,	que je pli	— *asse.*
		Je choisis,		que je choisis	— *se.*
		Je pourvus,		que je pourvus	— *se.*
		J'écrivis,		que j'écrivis	— *se.*
5° Participe passé	Temps composés à l'aide des auxiliaires *Avoir*, *Être*.	J'ai plié,	j'eus plié,	j'avais plié, etc.	
		J'ai choisi,	j'eus choisi,	j'avais choisi, etc.	
		J'ai pourvu,	j'eus pourvu,	j'avais pourvu, etc	
		J'ai écrit,	j'eus écrit,	j'avais écrit, etc.	

DIX-NEUVIÈME TABLEAU.

CHAPITRE VI.

Suite du VERBE.

Observations sur l'*Orthographe des Verbes*. — Quinze parties.

1° Verbes en **ier.**	Nous *criions*, vous *criiez*. — Que nous *priions*, que vous *priiez*.
2° — **yer.**	Nous *appuyions*, vous *appuyiez;* que nous *employions*, que vous *employiez*. J'*appuierai*, que je *ploie*. — (Exception) Je *grasseyerai*, que je *grasseye*.
— **ayer.**	Il *paye* ou il *paie*. Je *payerai* ou je *paierai*.
— **éer.**	Je *suppléerai*, que je *supplée*.
3° Verbes en *er* précédés d'un *e* muet ou fermé.	Mener : je *mène*, je *mènerai*. Céder : je *cède*, je *céderai*, je *céderais*.
4° Verbes en **éger.**	Je *protége*, j'*assiége*.
5° — **eler, eter.**	J'*appelle*, je *jette;* j'*appellerai*, je *jetterai*. — (18 Exceptions) j'*achète*, je *gèle*, etc.
6° — **enir.**	Venir : que je *vienne;* tenir, ils *tiennent*.
7° Prendre et ses composés.	Ils *apprennent*, que tu *comprennes*.
8° Verbes en **ger.**	Je *changeais*, nous *changeons*.
9° — **cer.**	Je *menaçais*, nous *menaçons*.
10° — **uer.**	Jouer : nous *jouïons*, vous *jouïez*. — Nous *confisquions*, vous *divaguiez*.
11° Accent circonflexe.	Nous *eûmes*, vous *fûtes;* qu'il *eût*, qu'il *fût*. — *Dû*, *redû*, *crû*, *recrû*, *mû*. Excepté : Nous *haïmes*, vous *haïtes*, qu'il *haït*.
12° Obs. sur l'impératif.	*Sache*, *va*, *cueille*, *offre*, *ouvre*. — *Travailles-y*, *offres-en*. — Va y *donner tes ordres;* va en *chercher*.
13° Verbes irréguliers et défectifs.	Sentir, *sentant;* courir, *je courrai*. — *Clore* (verbe défectif).
14° Analogies fondées sur la dérivation.	*Courir*. — *Dire*. — *Écrire*. — *Faire*. — *Mettre*. — *Prendre*. — *Tenir*. — *Voir*.
15° Analogies fondées sur la terminaison.	*Aître* et *oître*. — *Cevoir* — *Frir* et *vrir*. — *Indre*. — *Quérir*. — *Soudre*. — *Tir*. — *Traire*. — *Uire*.

VINGTIÈME TABLEAU.

CHAPITRE VI.

Suite du VERBE.

Accord du *VERBE* avec son *SUJET*. — Quatorze parties.

1° PLUSIEURS SUJETS.	*Languir, attendre, solliciter,* SONT *pour moi choses impossibles.*
2° AVEC *ni*.	*Ni mon frère ni le tien ne* REMPORTERA *le prix de géométrie.*
	*Ni mon frère ni le tien n'*OBTIENDRONT *de prix.*
3° AVEC *ou*.	*La peur ou la misère lui* A *fait commettre cette faute.*
	La peur ou la misère ONT *fait commettre bien des fautes.*
4° SUJETS DE DIFFÉRENTES PERSONNES.	*Vous ou moi* PARTIRONS. — *Ni vous ni lui n'*OBTIENDREZ *cette place.*
5° APRÈS *l'un et l'autre, ni l'un, ni l'autre,*	*L'un et l'autre y* A *manqué.* — *L'un et l'autre* SONT *venus.*
	Ni l'un ni l'autre ne VIENDRA — *Ni l'un ni l'autre ne* VIENDRONT.
6° APRÈS *plus d'un*.	*L'action fut chaude, et* PLUS D'UN *y* LAISSA *ses guêtres.*
	A Paris on voit PLUS D'UN *fripon qui se* DUPENT *l'un l'autre.*
7° SYNONYMIE.	*Dans tous les âges de la vie l'amour du travail, le goût de l'étude* EST *un bien.*
8° AVEC UNE CONJONCTION COMPARATIVE.	*La force de l'âme,* COMME *celle du corps,* EST *le fruit de la tempérance.*
9° GRADATION.	*Ma fortune, ma vie* EST *entre vos mains.*
	*Remords, crainte, périls, rien ne m'*A *retenue.*
10° COLLECTIF GÉNÉRAL.	*La* TOTALITÉ *des hommes* REDOUTE *la mort.*
11° COLLECTIF PARTITIF.	*Une* NUÉE *de traits* OBSCURCIT *l'air.*
	Une NUÉE *de barbares* DÉSOLÈRENT *le pays.*
12° AVEC LES ADVERBES DE *quantité*.	*Tant de vertus et de vaillance* MÉRITAIENT *bien d'être honorées.*
	La plupart CROIENT *que le bonheur est dans la richesse : ils se trompent.*
13° APRÈS *un de, un des*.	*M. de Turenne a été* UN DES *plus grands capitaines qui* FURENT *jamais.*
	C'est UN DES *maréchaux qui* COMMANDERA.
14° CAS PARTICULIERS.	*C'est plus le général que les officiers qui* EST BLAMABLE.
	C'est moins le général que les officiers qui SONT BLAMABLES.

VINGT ET UNIÈME TABLEAU.

CHAPITRE VI.

Suite du VERBE.

Complément des Verbes. — Six parties.

1° COMPLÉMENTS exprimant le même RAPPORT.	*C'est à vous* A QUI *je parle.* — *C'est à vous* QUE *je parle.*	
	C'est LA OU *je vais.* — *C'est là* QUE *je vais.*	
2° Donner au verbe le COMPLÉMENT qui lui convient.	*Je ne prends point plaisir à* CROÎTRE *ma misère.* (Rac.)	Phrases vicieuses.
	PARDONNEZ UNE PAUVRE FILLE *au désespoir.* (J. J. R.)	
	Le berger se RAPPELLE DE L'ENFANT. (Florian.)	
3° COMPLÉMENTS unis par une CONJONCTION.	*Il aime* A JOUER *et* LA PROMENADE. (Phrase vicieuse.)	
	Parlez-lui des vieux chefs-d'œuvre de la typographie : il vous en dira L'HISTOIRE *et* A QUELS MAÎTRES ILS ONT APPARTENU. (Phrase correcte.)	
4° Un seul COMPLÉMENT pour deux mots.	*Il connaît et se sert* DE SES AVANTAGES. (Phrase vicieuse.)	
	Il connaît et emploie SES AVANTAGES. (Phrase correcte.)	
5° PLACE des COMPLÉMENTS.	*De Lamoignon fut du très-petit nombre de ceux qui purent se sauver après la défaite des royalistes* SUR LES VAISSEAUX ANGLAIS. (Phrase vicieuse.)	
	De Lamoignon fut du très-petit nombre de ceux qui après la défaite des royalistes purent se sauver sur les vaisseaux anglais. (Phrase correcte.)	
6° COMPLÉMENT des VERBES PASSIFS.	*Il a été frappé* PAR *un éclat de rocher.*	
	Il a été frappé DE *cette nouvelle inattendue.*	

VINGT-DEUXIÈME TABLEAU.

CHAPITRE VI.

Suite du VERBE.

Emploi des *Auxiliaires* — Quatre parties.

1° Verbes neutres qui prennent toujours l'auxiliaire *être*.	*Aller, arriver, décéder, éclore, mourir, naître, venir* et ses composés, excepté *contrevenir, subvenir,* et *convenir* dans le sens de *être convenable.*
2° Pour exprimer une action.	*La procession* A PASSÉ *sous mes fenêtres.*
3° Pour exprimer un état.	*La procession* EST PASSÉE.
Idem.	J'AI RESTÉ *plus d'un an en Italie.* *Elle donnerait pour vous sa vie, le seul bien qui lui* SOIT RESTÉ.
4° Différence entre ces deux phrases.	*Cette faute m'*EST ÉCHAPPÉE. *Cette faute m'*A ÉCHAPPÉ.

Correspondance des temps de l'*Indicatif* et du *Conditionnel*. — Cinq parties.

1° Présent pour le passé.	*Il lui* ARRACHE *son épée et la* JETA *au loin.* (jette)
2° Passé défini.	*Rien ne* SAURAIT *l'ébranler, rien même ne* PUT *l'émouvoir.* (peut)
3° Passé antérieur.	*A peine* A-T-IL EU FINI *qu'il* REPARTIT. (est reparti)
4° Présent pour l'imparfait.	*J'ai ouï dire que certaines chenilles s'*ENVELOPPAIENT *de fil et de glu, etc.* (s'enveloppent) *Vous m'avez appris que la solitude* VALAIT *mieux que le séjour des cours, et que la liberté* ÉTAIT *préférable à la grandeur.* (Phrase correcte.)
5° Plus-que-parfait.	*On m'a dit que vous* ÉTIEZ *arrivé à quatre heures.* (êtes) *S'il n'*AVAIT ÉTÉ *aussi patient, il aurait éclaté.* (était)

VINGT-TROISIÈME TABLEAU.

CHAPITRE VI.

Suite du VERBE.

Emploi du *MODE SUBJONCTIF.* — **Six parties.**

1° Après les VERBES qui marquent *la volonté*, *le désir*, *la permission*, *le doute*, *etc.*	*Je veux qu'il* VIENNE. *Vous ordonnez qu'il* PARTE. *Il nie que cela* SOIT.
2° Après les EXPRESSIONS qui marquent ordinairement *le doute*, telles que : *les négations*, *les interrogations* ; — *le seul*, *le premier*, *le plus*, *le moins*, *le mieux*, etc.	Subjonctif. — *Crois-tu que dans son cœur il* AIT *juré sa mort?* Indicatif. — *Ignorez-vous qu'on ne* PEUT *violer les mœurs sans entretenir dans l'État un poison destructeur?* Subjonctif. — *Le chien est le seul animal dont la fidélité* SOIT *à l'épreuve.* Indicatif. — *Dieu, qui voit l'âme fidèle, est le seul juge qu'elle* CRAINT.
3° Après l'UNIPERSONNEL *il semble.*	*Il* SEMBLE *que tout son corps* SOIT *démonté*, etc. *Il* ME SEMBLE *que Corneille* A *donné des modèles de tous les genres.*
4° DIFFÉRENCE entre ces PHRASES.	*J'habiterai un pays qui me* PLAISE, *où je* SOIS *tranquille*, etc. *J'habiterai un pays qui me* PLAÎT, *où je* SERAI *tranquille*, etc.
5° EXPRESSIONS qui demandent toujours le SUBJONCTIF.	Quoique, quoi que, de peur que, de crainte que, à moins que, avant que, pourvu que, supposé que, quelque que, afin que, pour que, sans que, soit que, etc.
6° DIFFÉRENCE entre ces PHRASES.	*Tout savant que vous* ÊTES, *vous ne résoudrez pas cette difficulté.* *Quelque savant que vous* SOYEZ, *vous ne résoudrez pas cette difficulté.*

VINGT-QUATRIÈME TABLEAU.

CHAPITRE VI.

Suite du VERBE.

Emploi des *TEMPS* du *SUBJONCTIF*. — Sept parties.

1° — 1ère — RÈGLE. Après un VERBE au PRÉSENT ou au FUTUR.	*Je désire qu'il* VIENNE. *Vous voudrez qu'il* PARTE. *Nous souhaitons que sa conduite* AIT *toujours* ÉTÉ *louable.*
2° SUBJONCTIF entre deux VERBES dont il dépend également.	*Il n'y* A *point d'ouvrage si accompli qui ne* FONDÎT *tout entier au milieu de la critique si son auteur* VOULAIT *en croire tous les censeurs.*
3° — 2e — RÈGLE. Après un VERBE qui n'est ni PRÉSENT ni FUTUR.	*Je désirais qu'il* VÎNT. *Vous voudriez qu'il* PARTÎT. *Nous aurions souhaité que sa conduite* EÛT *toujours* ÉTÉ *louable.*
4° EXCEPTIONS aux deux RÈGLES GÉNÉRALES.	*La conversation étant tombée sur les affaires de la paroisse, il ne se* PASSA *plus rien qui* PUISSE *exciter l'intérêt du lecteur.* *Charles Martel* SAUVA *la chrétienté du plus grand danger dont elle* AIT ÉTÉ *menacée.* J'AI COMMANDÉ *qu'on* PORTE *à votre père* *Les faibles dons qu'il convient de vous faire.*
5° Changer les temps du SUBJONCTIF en ceux de L'INDICATIF.	*Soit que Julie* EÛT ÉTUDIÉ *sa langue et qu'elle la* PARLAT *par principes, soit que l'usage* SUPPLÉE *à la connaissance des règles, elle me semblait s'exprimer correctement.*
6° SUBJONCTIF avec INVERSION.	*Qui oserait se promettre de contenter les hommes? Un prince, quelque bon et quelque puissant qu'il* FÛT, VOUDRAIT-*il l'entreprendre?*
7° SUBJONCTIF avec ELLIPSE.	PUISSÉ-*je de mes yeux y voir tomber la foudre!* (Sous-ent. : *je souhaite*).

Emploi de l'*INFINITIF*. — Trois parties.

1° Laquelle de ces deux PHRASES est préférable ?	*J'espère* ALLER *vous voir.* *J'espère* QUE J'IRAI *vous voir.*
2° INFINITIF sans RAPPORT.	*La salubrité du climat contribue peut-être à* OBTENIR *ces cures merveilleuses,* etc. (Phrase incorrecte.) *Les moments sont trop chers pour les* PERDRE *en paroles.* (Phr. correcte.)
3° INFINITIF avec ELLIPSE.	*Aussitôt les ennemis* DE S'ENFUIR *et* DE JETER *leurs armes.*

VINGT-CINQUIÈME TABLEAU.

CHAPITRE VII.

DU PARTICIPE.

DÉFINITION, DIVISION.	Présent : AIMANT *l'étude je ne me suis jamais ennuyé*, etc. Passé : *C'est une chose* PROMISE; *des personnes* COMBLÉES *de bienfaits.*

Participe présent et Adjectif verbal.

1° Le PARTICIPE PRÉSENT est invariable.	*Voyez-vous ces débris* FLOTTANT *vers la côte?* (Qui flottent, action momentanée).
2° L'ADJECTIF VERBAL est susceptible d'accord.	*Voyez-vous ces débris* FLOTTANTS *sur la côte?* (Qui sont flottants, état permanent).
3° Qu'expriment le PARTICIPE PRÉSENT et l'ADJECTIF VERBAL?	Participe prés. : Un *action momentanée*, *passagère.* Adjectif verbal : Un *état permanent*, *habituel*, ou une *qualité.*
4° A quelle marque peut-on distinguer le PARTICIPE PRÉSENT?	1° Observation. — Quand on peut placer *en* avant le qualificatif en *ant.* 2° Observation. — Quand on peut changer le qualificatif en un autre temps du verbe, à l'aide du mot *qui* ou d'une *conjonction.* 3° Observation. — Quand le qualificatif en *ant* est accompagné d'un complément direct.
5° Des mots *appartenant*, *approchant*, *dépendant*, etc.	Adjectif : *Ce sont deux couleurs* APPROCHANTES *l'un de l'autre.* Participe : *L'heure* APPROCHANT, *partez sans retard.*
6° PARTICIPES qui ont pour correspondants des *adjectifs* ou des *substantifs.*	1° *Adhérant*, *affluant*, *coïncidant*, *convainquant*, etc. (20 participes). 2° *Adhérent*, *affluent*, *coïncident*, *convaincant*, *etc.* (20 adject. ou subst.).
7° Rapport du PARTICIPE PRÉSENT précédé de *en.*	EN FAISANT *des heureux un roi l'est à son tour.* Observ. { *Cet enfant a été guéri* EN *lui* FAISANT *prendre un vomitif.* (Phr. vic.) *Le pluriel se forme* EN AJOUTANT *une s au singulier.* (Phr. corr.)

Participe passé sans l'Auxiliaire *AVOIR.*

1° Accord du PARTICIPE PASSÉ.	*Un enfant bien* ÉLEVÉ; *des enfants bien* ÉLEVÉS. *Les ennemis sont* DISPERSÉS, *la bataille est* GAGNÉE.
2° APPROUVÉ, LU, ENREGISTRÉ, etc. — Y COMPRIS, NON COMPRIS, etc.	APPROUVÉ *l'écriture ci-dessus.* *L'écriture ci-dessus* APPROUVÉE.
3° CI-JOINT, CI-INCLUS.	CI-JOINT, CI-INCLUS *la copie.* — CI-JOINT, CI-INCLUS *copie du contrat.* *Les papiers* CI-JOINTS. — *La lettre* CI-INCLUSE.

VINGT-SIXIÈME TABLEAU.

CHAPITRE VII.

Suite du PARTICIPE.

Participe passé avec l'Auxiliaire *AVOIR*.

1° RÈGLE GÉNÉRALE.	*Les lettres* QUE *vous nous avez* ADRESSÉES, *nous* LES *avons* REÇUES. AUTANT D'ENNEMIS *il a* ATTAQUÉS, AUTANT *il* EN *a* VAINCUS. COMBIEN DE JOURS *vous avez* PERDUS! *De ces jours*, COMBIEN *vous* EN *avez* PERDUS!
2° Pronom *en* précédé des adverbes de quantité *combien*, *que*, *plus*, *moins*, *autant*.	Avec accord. — QUE *j'*EN *ai* REÇUES (en parlant de lettres)! Sans accord. — *J'en ai beaucoup* REÇU, *j'en ai beaucoup* ÉCRIT (id.).
3° *Que* corrélatif des mots *plus*, *moins*, *autant*.	1° *Il a élevé plus de monuments* QUE *d'autres n'en ont* DÉTRUIT. 2° *J'aurai moins de complaisance* QU'*ils n'en ont* EU. 3° *Je ne lui croyais pas autant de prudence* QU'*il en a* MONTRÉ.
4° PARTICIPE suivi d'un *adjectif*.	Avec accord : *Telles sont les précautions* QUE *j'ai* CRUES *propres à rétablir mes affaires.* Sans accord : *Telles sont les précautions que j'ai* CRU *convenable de prendre.*

Participe des *VERBES NEUTRES*.

Le PARTICIPE d'un VERBE NEUTRE est invariable.	*Son innocence a* PARU *dans tout son jour.* *Les années qu'elle a* VÉCU *se sont écoulées rapidement.* (Pendant *lesquelles*). *Les vingt mille francs que cette maison m'a* COÛTÉ. (Moyennant *lesquels*). Observation. — QUELS DANGERS *n'a-t-elle pas* COURUS!

Participe des *VERBES PRONOMINAUX*.

1° Comment distingue-t-on le complément direct des VERBES PRONOMINAUX?	Avec accord : *Telles sont les chimères* QUE *je me suis* CRÉÉES. Sans accord : *Ces dames se sont* CRÉÉ *des chimères.*
2°—1re Obs. — PARTICIPE des verbes *essentiellement* et *accidentellement* PRONOMINAUX.	1° Essentiellement pron. *Nous* NOUS *sommes* REPENTIS *de notre faute.* 2° Accidentellement pron. *Elle* s'*est* APERÇUE *de son erreur.*
3° — 2e Obs. — PARTICIPE des VERBES PRONOMINAUX ayant un *sens passif*.	*Cette bibliothèque* s'*est bien* VENDUE. (A été vendue). *Cette nouvelle* s'*est* TROUVÉE *fausse.* (A été trouvée).
4° — 3e Obs. — PARTICIPE des VERBES PRONOMINAUX formés d'un verbe *neutre*.	Sans accord : *Elle s'est* RI *de nos projets.* Avec accord : *Elle ne* s'*en serait jamais* DOUTÉE.

Participe des *VERBES UNIPERSONNELS*.

Le PARTICIPE d'un VERBE UNIPERSONNEL ne varie jamais.	*Voyez les pluies qu'il y a* EU, *qu'il a* FAIT. *Il s'est* GLISSÉ *beaucoup de fautes dans cet ouvrage.* *Les deux jours qu'il a* PLU, *qu'il a* NEIGÉ. (Pendant *lesquels*).

VINGT-SEPTIÈME TABLEAU.

CHAPITRE VII.

Suite du PARTICIPE.

Participe suivi d'un *Infinitif*.

1° PARTICIPE suivi d'un INFINITIF NEUTRE OU PRONOMINAL.	Infinitif neutre : *Les gens* QUE *vous avez* VUS *arriver.* Infinitif pronominal : *La maison* QUE *j'ai* VUE *s'écrouler.*
2° PARTICIPE suivi d'un INFINITIF ACTIF.	Avec accord : *Que de larmes, disait-elle, tu* M'*as* VUE *répandre.* / *Cette servante, je* L'*ai* ENVOYÉE *chercher des fruits.* Sans accord : *La maison que j'ai* VU *démolir.*
3° PARTICIPE suivi d'un INFINITIF ayant le sens d'une PROPOSITION entière.	*Ce sont des paroles qu'on a* DIT *avoir été prononcées.* (On a dit *quoi?* — que des paroles avaient été prononcées).
4° INFINITIF sous-entendu après *pu, dû, voulu.*	*J'ai fait tous les efforts que j'ai* PU (faire). *J'ai eu pour lui tous les égards que j'ai* DÛ (avoir). *Il a dicté toutes les conditions qu'il a* VOULU (dicter).
5° *Fait* suivi d'un INFINITIF.	*Je les ai* FAIT *partir; vous nous avez* FAIT *attendre.*
6° PARTICIPE suivi d'une PRÉPOSITION et d'un INFINITIF.	Avec accord : *Elle* s'*est* PROPOSÉE *pour vous accompagner.* / *Voici les livres* QU'*il m'a* DONNÉS (QU'*il a* EUS) *à lire.* Sans accord : *Elle s'est* PROPOSÉ *de vous accompagner.* / *Telles sont les règles que j'ai* COMMENCÉ *à expliquer.*

Observations particulières.

1° COLLECTIF.	*Quelle* FOULE *d'enfants* s'*est* AMASSÉE. (*Se* représente la *foule.*) *Quelle foule d'*AFFAIRES *il a* TERMINÉES. (Il a terminé les *affaires.*)
2° Le PEU.	*Le peu d'*ATTENTION *qu'il a* APPORTÉE *lui a valu des éloges.* *Le* PEU *d'attention qu'il a* APPORTÉ *lui a valu des réprimandes.*
3° *L'* mis pour *le.*	*La chose était plus sérieuse que nous ne* L'*avions* PENSÉ. *Elle est toujours telle que vous* L'*aviez* VUE.
4° PARTICIPE de certains VERBES, tantôt *neutres* tantôt *actifs.*	Valu, pesé, insulté, aidé, manqué, servi, applaudi.

Autres difficultés.

1° SYNONYMIE.	*L'aménité, la* DOUCEUR QU'*il a* MONTRÉE *nous a charmés.*
2° GRADATION.	*L'esprit, le* TALENT QU'*il a* DÉPLOYÉ *décèle un homme supérieur.*
3° EXCLUSION.	*C'est ma sœur ou ma* COUSINE QUE *vous avez* VUE.
4° DIVISION sans exclusion.	*Une épervier voit de loin une* ALOUETTE *ou un* MOINEAU QU'*un homme n'aurait pas* APERÇUS.
5° *Un de , un des.*	*C'est* UN *de mes enfants* QUE *vous avez* RENCONTRÉ. *C'est un des meilleurs* GÉNÉRAUX QU'*ait* PRODUITS *la France.*

VINGT-HUITIÈME TABLEAU.

CHAPITRE VIII.

DE L'ADVERBE. — ONZE PARTIES.

1° DÉFINITION.	*Hâtez-vous* LENTEMENT; *il est* FORT *aimable ; il agit* BIEN *prudemment.*
2° ADVERBE équivalant à un COMPLÉMENT.	*Se conduire* LOYALEMENT, c'est-à-dire *avec loyauté.*
3° Les ADVERBES n'ont pas de COMPLÉMENT.	Excepté : 1° *Ma demande a été faite* ANTÉRIEUREMENT *à la vôtre.* 2° *Il boit* PEU *de vin et* BEAUCOUP *d'eau.*
4° ADJECTIF pris ADVERB.	*Ces livres coûtent* CHER ; *ces fleurs sentent* BON.
5° PRINCIPAUX ADVERBES.	Ainsi, ailleurs, alentour, alors, assez, aujourd'hui, auparavant, etc. Remarque. — *J'*Y *vais.* — *J'*Y *travaille.* — *Il* Y *a des gens.*
6° FORMATION DES ADVERBES en *ment.*	1° Terminés par une voyelle { *Sage*, SAGEMENT; *vrai*, VRAIMENT, etc. / — *Beau*, *nouveau*, *mou*, et *fou.* 2° — par une consonne : *Complet*, COMPLÉTEMENT, etc. — *Gentil.* 3° ANT en AMMENT. — *Abondant*, ABONDAMMENT; *Savant*, SAVAMMENT, etc. 4° ENT en EMMENT. { — *Décent*, DÉCEMMENT, *négligent*, NÉGLIGEMMENT, etc. / — *Lent*, *présent*, et *véhément.*
7° ADVERBE COMPOSÉ.	Par hasard, à peine, par conséquent, au surplus, sans cesse, etc.
8° DESSUS, DESSOUS, DEDANS, DEHORS.	DESSUS *la cheminée*, DESSOUS *la table.* — SUR *la cheminée*, SOUS *la table.* Excepté : 1° *Il l'a cherché* DEDANS *et* DEHORS *la ville.* 2° *La seconde ligne lançait des javelots* PAR-DESSUS *la première.*
9° DAVANTAGE, PLUS, AVANT, AUPARAVANT.	1° *J'ai eu* DAVANTAGE *de plaisir que vous.* — *J'ai eu* PLUS *de plaisir que vous.* 2° AUPARAVANT QU'*il vienne.* — AVANT QU'*il vienne.* Observation. — *La faiblesse de la raison de l'homme paraît bien* DAVANTAGE *en ceux qui ne la connaissent pas* QU'*en ceux qui la connaissent.*
10° LE PLUS, DAVANTAGE; PLUS, LE PLUS; MOINS, LE MOINS.	1° *De tous les arts, la musique est celui que j'aime* LE PLUS. 2° *L'intérêt est le grand vice des Musulmans, et la libéralité est la vertu qu'ils estiment* DAVANTAGE. (Phrase correcte). 3° *Les plus grands pécheurs sont quelquefois ceux qui désirent* PLUS *leur conversion.* (Phrase incorrecte).
11° SI, AUSSI; TANT, AUTANT.	*Il est prudent* AUTANT *qu'intrépide.* *Il n'a pas* TANT *de prudence que de valeur.* — *Il n'est pas* SI *âgé qu'il le paraît.* Observ. — *Nous arriverons aussi vite* QUE *vous*, et non pas *comme* vous.

VINGT-NEUVIÈME TABLEAU.

CHAPITRE VIII.

Suite de L'ADVERBE. — HUIT PARTIES.

1° PLUTÔT, PLUS TÔT.	*Je mourrai* PLUTÔT *que de renoncer à ma religion.*
	Il n'eut pas PLUTÔT *dit, il n'eut pas* PLUTÔT *fait telle chose qu'il s'en repentit.*
	Nous arriverons PLUS TÔT *que vous ne le pensez.*
	Il arrivera LE PLUS TÔT *possible.*
2° A TÉMOIN, TÉMOIN.	*Je les ai pris* A TÉMOIN. — TÉMOIN *les victoires qu'il a remportées.*
	Cette querelle eut pour TÉMOINS *un grand nombre de personnes.*
3° NE PAS, NE POINT.	*Il* NE *boit point de vin, il* N' *a* PAS *bu de vin aujourd'hui.*
4° Emploi de la négation *Ne* seule.	*Il* NE *cesse de parler. — Vous* N'*oseriez le faire. — Je* NE *puis me taire.*
	Y a-t-il un homme dont elle NE *médise?*
	Que N'*êtes-vous arrivé plus tôt!*
	Il a peur qu'on NE *le sache, —il a peur qu'on* NE *le sache* PAS.
	Observation. — *Y a-t-il* RIEN *de plus rare qu'un demi-savant modeste?*
5° *Ne* DUBITATIF. Mots qui l'exigent toujours.	*Servez le Seigneur avec crainte,* DE PEUR QUE *sa colère* NE *s'enflamme.*
	Les fautes d'Homère n'ont pas EMPÊCHÉ *qu'il* NE *fût sublime.*
	Observation. — *Il défendit qu'aucun étranger* ENTRAT *dans la ville.*
6° *Ne* DUBITATIF avec les mots COMPARATIFS.	*On se voit d'un* AUTRE *œil qu'on* NE *voit son prochain.*
	Je pris PLUS *de villes en Espagne que je* N'*y demeurai de jours.*
	Je ne serai pas PLUS *faible que* JE L'AI *été.*
	On ne peut MIEUX *user de sa fortune* QUE FAIT *Périandre.*
7° *Ne* DUBITATIF avec les VERBES qui expriment *la crainte.*	*Je* CRAINS *qu'un songe* NE *m'abuse.*
	Vous ne devez pas APPRÉHENDER *que* JE LE LOUE.
8° *Ne* DUBITATIF avec les VERBES qui expriment *le doute* ou *la négation.*	*Je* NIE *qu'*IL SOIT *venu. — Je* DOUTE *qu'*ELLE VOUS AIME.
	Je ne DOUTE *pas que la vraie dévotion* NE *soit la source du repos.*
	Ne DOUTEZ *pas que les pierres mêmes* NE *deviennent des enfants d'Abraham.*

TRENTIÈME TABLEAU.

CHAPITRE IX.

DE LA PRÉPOSITION. — NEUF PARTIES.

1° DÉFINITION.	Direction : *Marcher* A *l'ennemi.* Supériorité : *Monter* SUR *un arbre.* Infériorité : *Se cacher* SOUS *la table.*
2° COMPLÉM. de la PRÉP.	*Il est parti* POUR *Rome ; nous nous promenons* DANS *le jardin.*
3° PRINCIPALES PRÉP.	A, après, attendu, avant, avec, chez, contre, dans, de, depuis, etc. Remarque. — *Il a voyagé* EN *Italie, et il* EN *a admiré les monuments.*
4° PRÉPOSITION COMPOSÉE	A dessein de, autour de, en dedans de, en dehors de, etc.
5° RÉPÉTITION des PRÉPOSITIONS *à, de, en.*	*Nous irons* A *Rome*, A *Naples, et* A *Palerme.* Excepté. 1° *Il fut placé de manière* A *connaître et juger mieux que personne l'état de la puissance romaine.* 2° *Pour ne jamais sortir de l'état où vous êtes, vous n'avez qu'*A *suivre vos penchants, vous prêter à vous-même, vous laisser entraîner mollement au courant.* 3° DE *longs et cruels malheurs.* — D'*utiles et* DE *frivoles occupations.* Observ. 1° *Il aurait eu besoin* DE *cinq ou six ouvriers.* 2° *La fable* DE *Philémon et Baucis.*
6° RÉPÉTITION des autres PRÉPOSITIONS.	1° *Chaque peuple à son tour a brillé sur la terre* PAR *les lois*, PAR *les arts, et surtout* PAR *la guerre.* 2° *Elle charme tout le monde* PAR *sa bonté* ET SA *douceur.*
7° OMISSION de la PRÉPOSITION *de* après *vis-à-vis, en face, proche, près, hors.*	*Ces colonnes ont deux pieds six pouces de diamètre* PRÈS LA BASE. *Il s'est allé loger* PROCHE LE PALAIS, HORS LA BARRIÈRE. *D'un coin de la galerie on passe dans une grande chambre qui est* VIS-A-VIS LA SALLE *à manger.*
8° PRÉPOSITIONS avant un INFINITIF.	Avec *à* : S'abaisser, s'accorder, s'acharner, s'aguerrir, aider, etc. Avec *de* : S'abstenir, accuser, s'affliger, appréhender, blâmer, etc. *Exception* : Achever, ambitionner, avertir, se charger, se hâter, etc.
9° VERBES après lesquels on emploie tantôt *à*, tantôt *de.*	Accoutumer. — Aimer. — Changer. — Commencer. — Comparer. — Continuer. — Demander. — S'efforcer, tâcher, essayer. — Manquer. — Obliger. — Oublier. — Résoudre, se résoudre, être résolu. — Risquer. — Détester, se rappeler, désirer, espérer, souhaiter. — Contraindre, s'engager, s'empresser, obliger, solliciter, souffrir, tarder.

TRENTE ET UNIÈME TABLEAU.

CHAPITRE X.

DE LA CONJONCTION. — SEPT PARTIES.

1° DÉFINITION.	1° *Nous partirons demain* s'*il fait beau.* 2° *Alexandre* ET *Porus étaient dignes l'un de l'autre.*
2° INVERSION.	TANT QUE *vous serez dans la prospérité, vous compterez beaucoup d'amis; mais* SI *la fortune cesse de vous être propice, vous resterez dans le délaissement.*
3° PRINCIPALES CONJONCTIONS.	Ainsi, car, cependant, comme, donc, et, lorsque, mais, ni, or, ou, etc. Remarque. — *Ainsi, cependant, comme, quand. — Pourquoi, si.*
4° CONJONCTION COMPOSÉE.	Afin que, ainsi que, à condition que, attendu que, c'est-à-dire, etc.
5° CONJONCTION SURANNÉE.	A cause que, sur le point que, d'abord que, malgré que, etc. Observ. *Un des deux époux peut-il se faire un sort exclusif dans le mariage? Les biens et les maux n'y sont-ils pas communs,* MALGRÉ QU'ON EN AIT?
6° ET, NI.	Ni. *Le lion n'est pas fait pour tracer les sillons,* NI *l'aigle pour voler dans les humbles vallons.* Et. 1° *Corneille ne s'est pas toujours assujetti au goût des Grecs* ET *à leur grande simplicité.* (Liaison des mots). 2° *Je n'aime pas la guerre* ET *ses funestes ravages, ni l'ambition* ET *ses prétentions injustes.* (Euphonie). Ni répété. NI *les déserts ne sont assez profonds* NI *les mers assez vastes pour dérober l'homme aux douleurs qui le poursuivent.*
7° ET, NI avec *sans, empêcher, défendre.*	1° *Sans crainte* NI *pudeur, sans force* NI *vertu.* Observ. — SANS *crainte et* SANS *pudeur,* SANS *force et* SANS *vertu.* 2° *Sans m'étonner de sa force prodigieuse* NI *de son air brutal,* etc. 3° *Je vous défends d'ouvrir la porte* NI *la fenêtre* (ni l'une ni l'autre). 4° *N'ouvrez pas la porte* ET *la fenêtre* (les deux à la fois).